大展好書　好書大展
品嘗好書　冠群可期

大展好書　好書大展
品嘗好書　冠群可期

實用武術技擊 29

武術摔擒技法精粹

張風雷 楊玉峰 王世英 王進鋒 編著

大展出版社有限公司

前　言

　　中國摔法和擒拿法有著悠久的歷史，其技術動作、攻防理論和練習方法等內容十分豐富，隨著這些技法在社會不同領域的實踐應用，摔法與擒拿技術結合得愈加緊密，摔擒技法是摔技和擒技的有機結合，在實際應用中有非常顯著的作用。

　　「遠者拳打腳踢，近者貼身快摔」是武術諺語，也是武術技擊的一種理念，在中國傳統武術中倒地就意味著失敗，俗稱被打散架了。近年來，中國散打運動員在同國外選手的交流中，中國選手的摔法屢屢得手，常常令對方不知所措，望而生畏，並成為制勝法寶之一。

　　《武術摔擒技法精粹》一書介紹的摔擒技法，是我們將實踐教學中應用效果突出的動作進行總結和整理，遠距離摔有接腿絆摔、接腿涮摔，近距離摔有夾頸背快摔、抱臂別摔等，其突出特點是：以快破敵，以巧取勝，摔擒合一，摔後必擒。

　　摔擒法固然可以使乙方喪失進攻能力，而使甲方處

於不敗之地，但在實踐應用中要注意以下兩點：第一，要將摔擒法和拳腳技法有機地結合，不能爲摔而摔，爲擒而擒，應該適時把握時機，在出現能利用摔擒戰勝乙方的機會時果斷地使用。第二，不斷加強單式基本功練習和各種力量、技巧練習。

本書在編寫過程中得到了河北金融學院劉震宇教授、中國摔跤界泰斗李寶如老師、東方大學城防衛秘書特訓中心李新建教官、特邀動作拍攝宋玉龍等人的大力支持與幫助，在此表示感謝！由於作者水平所限，書中不足之處還請各位同仁指正。

作　者

目　錄

第一章

摔跤力學分析

　　摔跤運動中摔倒對方就是使對方失去自身平衡狀態，改變人體雙腳支撐的正常狀態，而用身體其他部位（手、肩、背、臀、膝等）做輔助支撐。

　　人在正常站立時，是由其兩腳和兩腳所張開的面積決定其平衡性大小的。

　　為了形象說明，我們可以把人體站立時想像成一個豎直的長方體，當其穩定豎立時，其重心投影點在長方體截面積中心點，這時長方體是最穩定的，如圖1（A）；當側向推動長方體，使其向一側傾斜時，只要

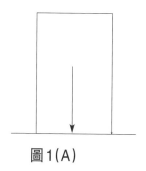

圖1(A)

重力線不超過支撐面，這一長方體還能恢復穩定平衡，但稍加用力則會傾倒，如圖1（B）；倘若長方體重力線超過支撐面時，長方體將傾倒無疑，如圖1（C）。

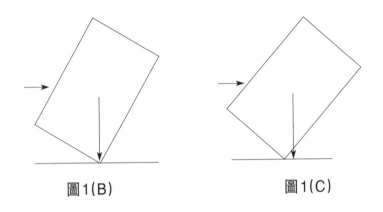

圖1(B)　　　　　　　　圖1(C)

一個長方體的穩定性是由兩個因素決定的，一是重心高低，一是底面積大小，如果降低長方體的高度，長方體的重心也隨之降低，穩定性增大，如果增大長方體的底面積，同樣能增大其穩定性。

人體的穩定性也是如此，在兩腳固定形成固定支撐面時，降低身體重心可以大大增加自身的穩定性；兩腳站立位置的不同決定了支撐面大小，若兩腳沿縱軸前後一線站立，身體重心如同立在獨木橋上一般，人體支撐面最小，穩定性最低；若兩腳左右平行站立，兩腳腳長和左右橫向距離之間形成一個長方形支撐面，可以形成

較大的支撐面積，但還不是最穩定的，只有兩腳橫向和縱向都有一定的距離，才能形成最大的支撐面積，使身體處於最穩定狀態。

所以，在摔跤運動中，為了保持較大的穩定性和抗衡對方橫向推動力，兩腿必須形成一定的支撐角度，以增大基底面積和降低重心高度。

雙方對摔時，誰能先搶佔對方所佔據的位置，誰就能搶佔先機，佔據主動，也就是說縮小、甚至破壞對方的基底範圍，使對方的重力作用線超出其基底範圍，令其失去支撐而傾倒。

比如，夾頸背快摔一法，在乙方出拳到舊力已盡，新力未發時，甲方左手順勢向甲方左下方捋帶，同時上右腳，插左腳，用右髖頂住乙方小腹部，右臂夾住其頸部，向甲方左下方旋轉用力，使乙方身體重心處於右腿支撐點邊緣，然後蹬腿、頂髖、俯腰、變臉，向上蹬腿與向下拉掖乙方右臂形成一個力矩，使其身體產生輪轉，形成背摔技術，這一動作就是先運用破壞對方身體平衡的戰術案例。

另外，人體各關節和肌肉也是保持身體平衡的重要因素，在對摔過程中，可以透過各關節不同運動維度和肌肉的放鬆，把施加到身體的外力進行有效的轉化，就

是武術經常講的「洩勁」。

　　人體的肌肉如同彈簧一樣，如全身肌肉緊張，關節僵硬，則作用在身體局部的外力就會沿其作用線傳遞到全身，改變身體重心位置，就易於被摔倒，只有使全身肌肉保持放鬆，才能有效地克服強大的外力作用，保持身體平衡，這就是「以柔克剛」的道理。

　　但在有些時候，突然用力繃緊肌肉，也可抵消對方施加的外力作用。

第二章

基 本 功

一、盤腿撩踢

以盤右腿為例。兩腳呈開立步，兩手成八字掌自然外張（圖2-1）；重心移至左腳，身體以左腳掌為軸向

圖2-1

右轉，同時，用髖關節帶動右腿向裏上盤腿撩踢（圖2-2）；落地後再向外上盤腿撩踢（圖2-3）。左盤腿與右盤腿方法相同，動作相反。

【要點】

盤腿要迅速、自然，動作幅度儘量要大。

圖2-2

圖2-3

二、背步貼身靠

　　兩腳呈前後開立步（圖2-4），右腳背步於左腳後，同時，兩手一前一後，上下外翻（圖2-5），接左腳上步成貼身靠狀（圖2-6）。可右腳上步按同樣的方法，繼續練習。不可偏重一側。

【要點】

　　上下配合要協調，重心要穩，步法要輕靈。

圖2-4　　　　　圖2-5　　　　　圖2-6

三、卧步抽腿

　　兩腿開立與肩同寬，兩手自然外張（圖2-7），向左後轉體180°卧步呈歇步狀（圖2-8、圖2-9），然後，右腿由左腿膝上部位抽出轉身還原（圖2-10）。練習時要左、右兼顧，不可偏重一側。

圖2-7

圖2-8

【要點】

抽腿主要是提高下肢的靈活性；右腿臥步與抽腿要儘量貼近左大腿外側，重心要穩。

圖2-9

圖2-10

四、背步揣子

　　兩腿前後呈開立步（圖2-11），右腳向左腿前斜上一步，兩手臂向前方一前一後伸出（圖2-12），背左腳於右腳後（圖2-13），轉體180°，低頭下腰轉臉，雙腿蹬伸，同時，兩手向左下拉擦（圖2-14、圖2-15）。

圖2-11

圖2-12

【要點】

上步、轉體、蹬伸與下拉要快速、連貫。

圖2-13

圖2-14

圖2-15

五、背步勾子

　　兩腿前後呈開立步（圖2-16），右腳背步於左腳後（圖2-17），撩起左腿，同時低頭轉臉，兩手向右下緊手、拉擦（圖2-18）。

圖2-16

【要點】

背步、轉身要快，手腳配合要協調。

圖2-17

圖2-18

六、上步抱腿

　　兩腿前後呈開立步，含胸低頭（圖2-19），上左腳緊跟右腳，同時，雙手向內合抱（圖2-20），深蹲抬頭猛站起，向後甩腰（圖2-21-A）。練習時要左、右兼顧，不可偏重一側。合抱的手法分十字扣與鎖扣兩種，這是摔法裏面慣用的動作（圖2-21-B、圖2-21-C）。

圖2-19

圖2-20

【要點】

　　深蹲要快速有力，臀部不易後挺，抬頭站起要突然、迅猛。

圖2-21-A

圖2-21-B

圖2-21-C

七、長　腰

　　兩腿平行開立呈馬步（圖2-22），身體稍向左轉，同時，右腿向外伸直猛蹬呈弓步姿勢，膝蓋不超過腳尖，向左長腰、低頭轉臉，右手臂向左前伸出，左手拉至腰側（圖2-23、圖2-24）。練習時左、右交替進行。

圖2-22

【要點】

長腰時要低頭轉臉，蹬腿要穩健，上下配合要協調。

圖2-23

圖2-24

八、插　閃

　　兩腿呈前後開立步（圖2-25），右腿向前直上一步（圖2-26）；向左後轉體180°，左腳貼地面向前上攔截，同時，左手猛抖，右手向前捅（圖2-27）。也可在行進中練習。

【要點】

　　要快速有力，剛柔相濟。

圖2-25　　　　圖2-26　　　　　　圖2-27

九、勾踢跪壓

在立正的基礎上，兩手經胸前翻掌向上推舉（圖2-28），起右腳向前猛力勾踢，重心落於左腳微下沉（圖2-29）；右腳腳尖外擺成弓步狀，膝部向前下跪壓（圖2-30）；實戰中多用於跪壓乙方小腿部位（圖2-31）。

圖2-28

圖2-29

【要點】

重心要低，勾踢要輕擦地面；膝部向前下跪壓要深。

圖2-30

圖2-31

第三章

摔 擒 技 法

一、夾頸背快摔

　　實戰姿勢對立（圖3-1）。當乙方（身穿運動服者。後同）用右直拳（或擺拳）擊打甲方（身穿迷彩服

圖3-1

者。後同）頭部時，甲方左手順勢擋抓其肘關節上端
（圖3-2）；

右腳向乙方右腳前上步，腳尖內扣，同時，右臂前
伸屈肘夾緊乙方頸部，左腳背步與右腳平行，兩腿屈
膝，以右側臀部貼緊乙方前身（圖3-3）；

隨後兩腿蹬伸，向左下弓腰、低頭將乙方從甲方身
上摔過（圖3-4）；

圖3-2

圖 3-3

圖 3-4

圖3-5

圖3-6

　　將乙方摔倒後，腿向左側伸出，臀部著地，側身撲壓在乙方身上（圖3-5），隨即右腿屈膝，左手抓其右前臂置於甲方右大腿上，向下別壓乙方肘關節，將其制服（圖3-6）。

【要點】

　　擋抓要準，夾頸要牢固，背步轉身要快，弓腰、低頭、蹬腿要協調有力。

二、抱腿過胸摔

當乙方用左拳擊打甲方頭部時，甲方右手推拍（圖3-7），同時，向前下搶步（屈膝、弓腰），兩手成十字扣合抱其單腿，左頸部緊貼其左大腿外側（圖3-8、圖3-9）；隨後用蹬腿、挺身之合力將乙方抱起，向後摔翻（圖3-10），用側倒砸肘擊打乙方心窩（圖3-11）。

圖3-7

圖 3-8

圖 3-9

圖 3-10

圖 3-11

【要點】

上步下潛要快，抱腿要緊，蹬腿、挺身、後仰要一氣呵成。

三、抱臂別摔

　　當乙方用左直拳（或擺拳）擊打甲方頭部時，甲方右側閃（左腳在前），同時，用右手臂向外擋抓（圖3-12）；右腳背步與左腳平行，左手夾抱乙方左上臂（圖3-13）；隨即用右手拉乙方左手腕和向右轉體、擰腰、別腿之合力將乙方摔倒（圖3-14、圖3-15）。

圖3-12

圖3-13

圖3-14

圖3-15

【要點】

擋抓要快、夾臂要緊而有力，轉體、撐腰、別腿要協調一致。

四、插襠扛摔

當乙方用右擺拳擊打甲方頭部時，甲方左手向外擋抓其手腕（圖3-16），上右步屈膝下蹲，同時，右臂由乙方兩腿間穿過由裏向外抱其單腿（圖3-17）；隨即起身用左手向左下拽拉乙方右手臂與右肩扛頂之合力，起身仰轉將乙方摔翻（圖3-18）；然後，兩手猛力向上提拉乙方右手臂，將其面朝下、右臂從其頜下纏繞猛力上提，再起右膝頂擊其背部（圖3-19、圖3-20）。

圖3-16

圖 3-17

圖 3-18

圖3-19

圖3-20

【要點】

擋抓準，上步屈蹲、抱單腿要快，扛摔要有力，上下配合要協調；提拉乙方右手臂與頂擊背部要猛。

五、繞臂掰頸摔

當乙方用右擺拳擊打甲方頭部時，甲方左手向外格擋，並拿其胳膊（上手向內磕打其前臂，底手拉攦其肘），順勢向右下拽拉（圖3-21、圖3-22）；隨機左手向前掰攦其頸部並貼身（圖3-23、圖3-24）；然後，向後撤一步將其摔倒，用右拳擊打乙方要害（圖3-25、圖3-26）。

圖3-21

圖3-22

圖3–23

圖3–24

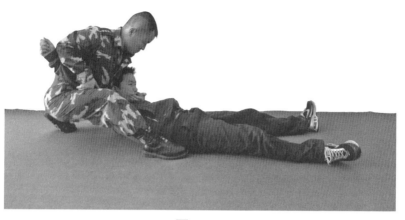

圖3-25

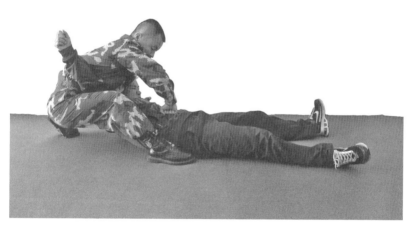

圖3-26

【要點】

拿胳膊要準確，掰頸要猛，撤步要快，擊打要害要狠。

六、抱腿過肩摔

　　當乙方用前蹬腿攻擊甲方胸部時，甲方迅速側閃，同時，兩手抄抱其小腿（圖3-27）；右腳向左腳後背步，並屈膝跪地，同時，將乙方腿抬至甲方左肩上，用低頭、彎腰、掰腿之合力將其從甲方肩上摔過（圖3-28、圖3-29、圖3-30），然後，借機倒地橫踢乙方頭部（圖3-31）。

圖3-27

圖 3-28

圖 3-29

圖3-30

圖3-31

【要點】

接腿要準，抓握要牢固，轉身要快，低頭、彎腰、掰腿協調有力。

七、接腿絆摔

　　當乙方用前鞭腿攻擊甲方中、上盤部位時，甲方側閃步，同時，兩手抄抱其小腿，右腳背步於左腳後（圖3-32、圖3-33）；隨即左腿隨上體右轉旋壓之勢，絆乙方支撐腿膝窩以上部位將其摔倒，然後，用左膝跪撞襠部將乙方制服（圖3-34、圖3-35）。

圖3-32

圖3-33

圖3-34

圖3-35

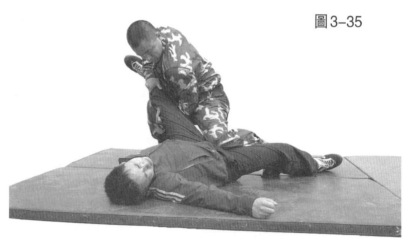

【要點】

側閃抄抱要快、準，背步、旋壓與絆腿要協調有力，撞襠要狠。

八、接腿涮摔

當乙方用左前蹬腿攻擊甲方中盤部位時，甲方兩手相合抄抱其腳踝（圖3-36），做到含胸收腹，後腳撤步，同時，借助慣性，兩手向右側下方拉乙方左腿，再向左上方成弧形將其拉腿涮倒（圖3-37、圖3-38）；然後，兩手上提乙方腿，再起右腿猛踹其腹部（圖3-39）。

圖3-36

圖 3-37

圖 3-38

圖 3-39

【要點】

　　接腿準、抓握牢固，右側下拉和弧行涮摔的動作要協調、連貫有力。

九、掀腿壓頸摔

　　當乙方用右腿橫踢甲方上體時，甲方側閃進步，同時，兩手抄抱其小腿（圖3-40）；接左手緊抱乙方腿部，右手迅速前伸至其頸後（圖3-41），然後，用左手上抬、右手下壓與右腳勾踢乙方支撐腿之合力將其摔倒（圖3-42），再起腳擊打乙方背部要害，將其制服（圖3-43、圖3-44）。

圖3-40

圖 3-41

圖 3-42

圖3-43

圖3-44

【要點】

側閃抄抱要準確、有力，掀腿、壓頸與勾踢要協調一致。

十、接腿勾摔

當乙方用後鞭腿攻擊甲方中、下盤部位時，甲方迅速左手單臂抄抱其小腿，右直拳擊打乙方面部或用插掌擊打乙方眼睛（圖3-45、圖3-46）；然後，左腳前進步，用右腿由外向裏、向後摟提乙方支撐腿與右手臂推頂乙方下頜之合力將其向前摔倒（圖3-47、圖3-48、圖3-49）。

圖3-45

圖 3–46

圖 3–47

圖3-48

圖3-49

【要點】

　　抱腿要緊，上步要快，摟提支撐腿與推頂下頜要協
調有力。

十一、擰踝跪膝摔

當乙方起右腿橫踢甲方上體時，甲方側閃，同時，抄抱其腳踝或小腿（圖3-50）；隨即用左手臂緊抱乙方腳踝，右手抓握乙方腳跟（圖3-51），右腳向前上步的同時，身體向右下轉體翻擰其踝關節，迫使其面朝下摔倒（圖3-52）；然後，左膝迅速跪頂乙方膝窩，右手抓

圖3-50

圖3-51

圖3-52

握乙方腳尖，身體稍右轉，同時，右手向右擰折乙方踝關節，將其制服（圖3-53）。

【要點】

接腿要準，抱腿要緊，跪膝快，翻擰腳踝要迅猛。

圖3-53

十二、抓衣領過背摔

甲方主動進攻防衛，雙手反抓乙方衣領，右腳在前（圖3-54），隨即後腳背步轉身，兩腳平行，腿微屈（圖3-55）；用兩腿蹬伸、向下弓腰、低頭的勁力將乙方從頭頂摔過，然後，雙手掰擰乙方頸部將其制服（圖3-56、圖3-57）。

圖3-54

圖3-55

圖 3-56

圖 3-57

【要點】

抓衣領要緊，背步轉身要快，蹬腿、弓腰、低頭要連貫有力。

十三、抱腿頂摔

　　甲方主動進攻防衛，前手彈拳擊乙方面部（圖3-58），趁其後仰之機，突然下蹲潛入，兩手合抱其雙腿，左側頸部貼緊乙方側腰（圖3-59），隨即上步，用肩頂、後拉、俯衝之合力將其摔倒（圖3-60）；然後，兩手緊抱其大腿將乙方向右後翻轉180°面朝下，接著用後仰、挺腹下壓之合力將其制服（圖3-61、圖3-62）。

圖3-58

圖3-59

圖3-60

圖3-61

圖3-62

【要點】

下潛快，抱腿要緊，肩頂、後拉要協調有力，翻轉要迅猛。

十四、後抱過胸

當與乙方對面站立時，甲方主動拿其胳膊，上手向
內磕打其前臂，底手拉攏其肘（圖3–63），順勢向左下
拽拉，同時，左腳向其外側上步（圖3–64），接上右腳

圖3–63

圖3–64

繞環步至乙方右腳後，右臂由乙方右腋下穿過，隨即兩手合抱乙方腰部，兩腿微屈（圖3-65、圖3-66）；用雙

圖3-65

圖3-66

腳蹬地，向後弓腰、挺身、仰頭之合力將其摔翻（圖3-67）。

【要點】

搶抓、上步轉身要快，抱腰緊，向後弓腰、挺身、仰頭要協調有力。

圖3-67

十五、折腰勾腿摔

　　當乙方欲搭肩摟抱甲方時（圖3-68），甲方左手向上八字掌挑起其手臂，向前貼身、起右腿，由外向裏摟提乙方左腿膝窩（圖3-69、圖3-70）；同時，兩手猛力

圖3-68

圖3-69

摟抱其腰部，用上體前壓、勾腿之勢迫使乙方倒地（圖
3–71）。

【要點】

摟抱要緊，摟腿、壓胸要猛，要有向前的衝勁。

圖3–70

圖3–71

十六、壓頸摟膝摔

　　當乙方抱甲方單腿時（圖3–72），甲方迅速屈膝、坐腰，重心下沉（圖3–73），隨機用左手下壓乙方頸部、右手由外向裏摟其大腿猛向懷裏收，順勢帶動乙

圖3–72

圖3–73

方，用向後滾翻的姿勢將其摔翻並騎壓（圖3–74、圖 3–75），再用拳擊打乙方要害將其制服（圖3–76）。

圖3–74

圖3–75

圖3–76

【要點】

重心下沉要快，壓頸、摟膝、後滾翻要協調有力。

十七、仰臥反攻

甲方仰臥，當乙方騎坐腹部，雙手卡甲方喉部時（圖3-77），甲方立即左手八字掌向上推抓其手腕，右手抓其腳踝（圖3-78）；突然，迅速向上挺胯，同時，

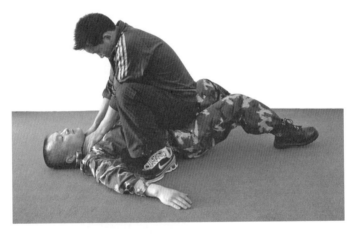

圖3-77

圖3-78

向右翻轉成仰臥姿勢進行解脫，接右手掰擰乙方腳踝動
作將其制服（圖3–79至圖3–82）。

圖3–79

圖3–80

圖3-81

圖3-82

【要點】

推抓手腕、腳踝要準確，挺胯要突然、有力，翻轉過程中抓握腳踝要牢固。

十八、提頸翻轉摔

當乙方潛入抱甲方前腿時，甲方迅速俯身、撤腿（圖3-83、圖3-84），隨即用雙手合抱摟住乙方的頸部，右手由其頸外側向裏穿過，左手由其腋窩下插入到

圖3-83

圖3-84

喉結，用大拇指頂住，雙手形成打扣（圖3-85），左肘鎖住乙方右臂將其頭擠於腹部，雙手用力的同時挺胯，向左側翻轉身體，將其摔倒制服（圖3-86）。

圖3-85

【要點】

俯身、撤步要快，提頸發力時，卡鎖喉結要緊，使乙方頭不能偏側。

圖3-86

圖3-86　正面示意圖

第四章

擒 拿 技 法

　　擒拿，是利用人體關節、筋脈、穴位和要害部位的弱點，運用槓桿原理與經絡學說，採用切、點、鎖、別、擊打、擰轉等方法，「拿其一點，而制全身」的一種技法。

一、主動擒拿技法

　　主動擒拿技法：是指在有準備、有察覺和有條件的情況下，出其不意、攻其不備，穩、準、狠，先發制敵的防衛技法。

1. 捲　腕

　　當甲方遇到用右手抓握乙方左手的情況下，隨即右手迅速提腕，拇指點按其手背第4掌骨、第5掌骨間隙下段，其餘四指扣握手心和掌根處（圖4-1）；左手同時

圖4-1

圖4-2

以八字掌握乙方左腕助力，向上、向右捲腕，迫其就擒
（圖4-2）。

【要點】

右手抓握要準確得法，提腕和左手助力捲腕要迅速
敏捷。

2. 轉身扛肘

甲方右手快速正手抓握乙方手臂向後拉（圖4-3），隨即上步向右後轉身，同時，兩手抓握乙方手臂將其肘關節以甲方肩部為支點反扛（利用槓桿原理，向平常彎曲的相反方向折），向前下猛壓（圖4-4、圖4-5）。

【要點】

抓手要準，上步、拉臂、轉身、扛肘要協調、快速。

圖4-3

圖4-4

圖4-5

3. 撲面撩襠

當乙方與甲方對面站立（圖4-6），對甲方人身造成威脅時，甲方前手突然五指張開撲抓其面部（圖4-7），趁其後仰之機，起右腿用腳尖向上撩擊其襠部

圖4-6

圖4-7

第
四
章

擒
拿
技
法

081

左手撲面突然，右腳撩擊要快、準。右腳盤踢撩擊
如同踢毽子的動作（圖4-9）。

圖4-8

圖4-9

4. 擊腹別臂

　　當對面接近乙方右側時，甲方左腳在前，左前臂向外撥擋乙方右前臂（圖4-10），同時以右勾拳猛力勾擊其腹部（圖4-11）；乘其收腹彎腰之機，左前臂從乙方右臂內側穿過上挑；同時，身體向右轉體，右手由上扳

圖4-10

圖4-11

住乙方肘部向懷裏猛拉，左肘上翻，右手扒住其上臂下壓（圖4-12、圖4-13）；然後起左腿猛絆乙方腳跟，將

圖4-12

圖4-13

其摔倒，隨即以扒肩折腕動作將其制服（圖4–14、圖
4–15）。

【要點】

擊腹狠，拉肘別臂快，下壓絆腿猛、折腕狠。

圖4–14

圖4–15

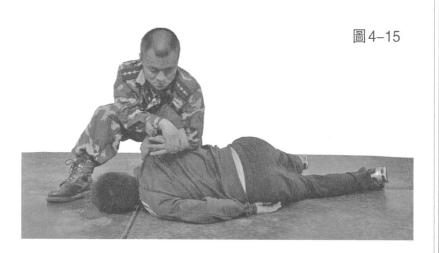

圖4-16

5. 抱膝壓伏

當接近乙方背後時（圖
4-16），兩手抱膝（或小
腿）以後拉肩頂臀部之合力
將其摔倒（圖4-17、4-
18），接向前上步騎壓乙方
腰部（右腿跪，左腿伸）；
隨即左手拍抓乙方後腦猛力
下壓（圖4-19），趁其上頂
之機，右手從其頜下穿過，

圖4-17

圖4-18

圖4-19

左手握住右手腕，迅速屈肘上提緊鎖乙方喉部（圖
4-20）。

圖4-20

【要點】

後拉肩頂要協調一致，騎壓要快，鎖喉要狠。

由後以抱膝頂摔技法將乙方摔倒後，還可使用以下三種制擒方法：

（1）將乙方摔倒後，左腳迅速向前上步騎壓其腰部（右腿跪，左腿伸），隨即用左手卡脖，右拳摜耳進行擊打（圖4-21）。

（2）將乙方摔倒後，迅速向前上步騎壓其腰部（右腿跪，左腿伸），隨即右手猛力鎖喉，同時用左手掌拍擊乙方後腦，接順勢向前下伸，用手指摳其雙眼

圖4-21

（圖4-22）。

（3）將乙方摔倒後，迅速向前上步騎壓其腰（右腿跪，左腿伸），左手從乙方左臂腋下穿過按住後腦，右手迅速從乙方右側頜下穿過，抓住其左衣領；然後以左手按頭、右手抓領後絞之合力將其制服（圖4-23）。

圖4-22

圖4-23

6. 掏襠砍脖

當接近乙方背後時，可左腳在前，向其右腳外側上步，左手由後插襠（圖4-24），隨即右腳向前上步，用左手後拉上提、抓襠部與右手橫掌猛砍乙方脖頸之合力將其摔倒（圖4-25、圖4-26）；迅速上步騎壓其腰部

圖4-24

圖4-25

（右腿跪、左腿伸），用左手卡脖，右手揮拳擊打乙方頭部（圖4-27）。

【要點】

掏襠、上步砍脖要協調一致，騎壓要快，揮拳打擊要狠。

圖4-26

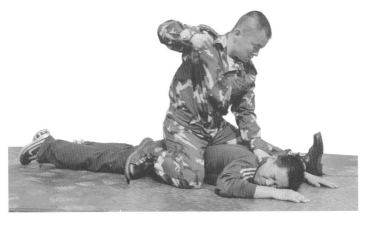

圖4-27

7. 踹腿鎖喉

當接近乙方背後時，用右截腿猛踹乙方膝窩（圖4-28），趁其後仰之機，右手臂插入其頜下，以前臂前端卡鎖乙方咽喉，左手抓握右手腕（圖4-29、圖4-30）；右手變拳同時右腳後扯一步，使用後拉下壓動作將其拖倒

圖4-28

圖4-29

（圖4-31）。

【要點】

踹腿要猛，鎖喉要狠，扯步、後拉要迅速。

圖4-30

圖4-31

8. 截腿措喉

當接近乙方背後時，左手前伸拍打乙方左肩（圖 4-32），趁其後轉之機，起右腳猛力截擊乙方下盤右膝窩，迫使其跪地（圖4-33、圖4-34）；隨即用左手前臂頂抓後腦和右手從乙方右側頜下穿過抓住左下頜（圖 4-35），向右扳擰轉體之合力將其制服（圖4-36）。

【要點】

截擊要猛，措喉要狠，動作要迅速連貫、一氣呵成。

圖4-32

圖4-33

圖4-34

圖4-35

圖4-36

二、被動擒拿技法

被動擒拿技法：是指當甲方身體的某個部位，如手腕、上臂、腰、頭、襠等部位被乙方攻擊時，甲方以突然而迅速的動作進行防守或解脫，後發制敵的防衛技法。

1. 手腕被抓的解脫防衛

當乙方正手抓住甲方手腕時（圖4-37），甲方可先向前推力（圖4-38），隨即借助慣性採取手掌內旋、下

圖4-37   圖4-38

壓、回拉和肘關節上抬的方法
進行解脫（圖4-39）。

【要點】

向前推力自然，手掌外
旋、下壓、回拉的動作要快。

2. 手腕被抓的擒拿防衛

當乙方右手正抓甲方右手
腕時（圖4-40），甲方左手
猛拍其手背並扣緊，稍向裏

圖4-39

帶，儘量拉直乙方手臂（圖4-41），隨即向右轉體，以
右手小指外側掌緣順著乙方手腕，猛力向上、向外纏繞

圖4-40

圖4-41

圖4-42

下切（圖4-42），並兩手同時用力用肘關節向前緊頂下壓乙方肘關節將其制服（圖4-43）。

如遇到乙方勁力強大，難以擒拿或解脫時，可用纏腕回拉、側踹腹動作反擊（圖4-44）。

圖4-43

圖4-44

【要點】

扣手要緊，外旋、切腕要突然。

3. 前衣領（或胸部）被抓的擒拿防衛

（1）當乙方從正面右手抓住甲方衣領或胸部時（圖4-45），甲方迅速右手扣抓乙方手背，四肢扣入其小指外緣內（圖4-46）；突然抓住時上體右轉，同時，以左上臂前側向右猛別乙方肘關節（圖4-47）。

【要點】

扣抓要緊，轉身別肘要迅速、突然。

（2）當乙方由前抓住甲方衣領或胸部時（圖4-48），甲方突然向側面轉身，從其抓握手的上方收回上臂壓折手腕（圖4-49），然後，用鞭拳反擊乙方頸部或

圖4-45

圖4-46

臉側（圖4-50）。

【要點】

轉身要突然，壓腕、鞭拳要快速、有力。

圖4-47

圖4-48

圖4-49

圖4-50

4. 後衣領被抓的解脫防衛

當乙方右手由後正抓甲方衣領時，甲方右腳迅速後撤一步，同時，向右後轉身用右前臂向外格擋其肘關節（圖4-51、圖4-52）；隨即左腳進步，起右膝頂擊乙方要害部位（圖4-53）。

圖4-51

圖4-52

圖4–53

【要點】

撤步、轉體及格擋要迅速，進步頂膝要準、狠。

5. 頭髮由前被抓的解脫防衛

當乙方由前抓甲方頭髮時（圖4–54），甲方一隻手迅速扣握其手背，同時，另一隻手直拳擊肋（圖4–55）；隨即用頭向前下頂、雙手合力折腕下壓和前腳後撤步之勢將乙方拉倒（圖4–56、圖4–57）。

【要點】

扣手要緊，擊肋要準，撤步要快而有力。

圖4-54

圖4-55

圖4-56

圖4-57

6.頭髮由後被抓的解脫防衛

（1）當乙方由後抓住甲方頭髮或衣領時（圖4-58），甲方一腿向前上一步，順勢起另一腿後蹬乙方襠部或腹部（圖4-59），乘其疼痛彎腰之機，用轉身猛力後鞭拳向後擊打其頸部（圖4-60）。

圖4-58

圖4-59

圖4-60

第四章 擒拿技法

【要點】

後蹬動作要快、準，鞭拳擊頸要猛。

（2）當乙方由後用右手抓住甲方頭髮時（圖4-61），甲方迅速以右手緊扣其手指，左腳後撤一步，同時，以左肘（或拳）擊打乙方肋部（圖4-62、圖4-63）；然後左手前臂向下砸壓其肘關節（圖4-64），低

圖4-61

圖4-62

圖4-63

圖4-64

頭側前頂並彎腰轉體成下蹲姿勢（圖4-65）；利用兩手折腕下壓和使乙方肘關節根部以甲方膝蓋為支撐點的合力將其制服（圖4-66）。

【要點】

轉身擊肋要猛，壓肘、折腕要準確、協調、有力。

圖4-65

圖4-66

7. 從正面被抓住肩部時的防衛

當由正面被乙方抓住肩部時（圖4-67），甲方用兩手指爆發用力，插擊乙方兩肋（圖4-68），趁其向後縮身之機，兩手向外格擋（圖4-69），隨即雙手抱握乙方脖頸向下回拉，一腿衝膝前頂，擊打其面門或心窩部位（圖4-70、圖4-71）。

【要點】

插肋要狠，抱握脖頸向下回拉和衝膝前頂要協調、猛力。

圖4-67

圖4-68

圖4-69

圖4-70

圖4-71

8. 脖頸由前被抓、推時的防衛

當被乙方從正面抓住甲方脖頸部位並猛力推、拉時（圖4-72），可用雙手緊抓乙方雙肩，借助乙方向前推的勁力主動後倒，同時，一腿屈抬，用腳蹬住乙方腹部，將其凌空蹬翻（圖4-73、圖4-74、圖4-75），甲方順勢後滾翻翻過騎壓乙方腹部，揮拳擊打其頭部（圖4-76）。

圖4-72

圖4-73

圖4–74

圖4–75

圖4–76

【要點】

雙手抓肩、順勢後倒要突然（倒地時收下頜，抬頭，避免後腦著地），蹬腹時腿要用力支撐，後滾翻騎壓要及時。

9. 腰部由前被摟抱時的解脫防衛

當乙方由前摟抱甲方腰部企圖將甲方抱起或已抱起，但手臂未被同時抱住時（圖4-77），甲方迅速以兩手立掌推擊其面部（圖4-78），趁其後仰之機，用右橫

圖4-77

圖4-78

圖4-79

擊肘擊打乙方頭部給以重創（圖4-79）。

【要點】

推面要突然，肘擊要準、狠。

10. 腰、臂由前連同被摟抱的解脫防衛

當甲方腰、臂連同由前被摟抱住時，甲方有意上體後仰（圖4-80）；突然用頭部前髮際以上2公分處猛力向前撞擊乙方面部（圖4-81），趁乙方疼痛之時用前頂膝擊打其襠部（圖4-82）。

【要點】

頭部撞擊要突然，前頂膝要迅猛、準確。

圖 4-80

圖 4-81

圖 4-82

11. 腰部由後被抱的解脫防衛

當乙方由後抱住甲方腰時（圖4-83），甲方左手迅速抓握乙方右手腕下壓（圖4-84），隨即上體向右後轉身，以右後頂肘猛擊乙方面部（圖4-85），乘其鬆手之機，甲方左腳上步，右手向上挑其肘關節（圖4-86），右後轉體，左腳上步，以左手向前折壓乙方右手腕與攜臂扒肩動作將其制服（圖4-87）。

【要點】

抓腕要準，肘擊頭部要狠，攜臂扒肩要快。

圖4-83

圖4-84

圖4-85

圖4-86

圖4-87

12. 腰、臂連同由後被抱的解脫防衛

（1）當甲方腰、臂連同由後被乙方抱住時（或已抱起），迅速使用一隻腳由外向裏纏繞其腿部，同時，身體重心用力後仰貼身將其絆倒，此技法一般都是先後倒地，甲方背靠砸壓在乙方身體上（圖4-88、圖4-89）。

【要點】

纏繞要迅速貼緊，背靠要貼身、迅猛。

圖4-88　　　　　　　　圖4-89

（2）當甲方腰、臂連同由後被乙方摟抱住時（圖4-90），突然使用雙臂用力前伸抬肘，同時，下蹲縮身（圖4-91）；接左手抓握乙方右手腕，側身右手向後拍

圖4-*90

圖4-91

擊其襠部（圖4-92），左手繼續抓握乙方右手腕下拉，右手夾其上臂，用力使用貼身過背摔動作將乙方摔倒（圖4-93、圖4-94），然後用拳擊打其要害（圖4-95）。

【要點】

雙臂前伸抬肘，下蹲縮身要突然，擊襠要狠，使用摔法要貼身，協調有力。

圖4-92

圖4-93

圖4-94

圖4-95

13. 肩部由後被抓時的防衛

乙方突然由側後方用左手抓住甲方右側肩部時（圖4-96），甲方迅速用左手抓握其手腕，並固定住（圖4-97）；隨即用右臂由內向外翻繞擰乙方肘關節一圈將其擒拿（圖4-98、圖4-99）。

【要點】

右手臂繞擰的部位要準確，發力要迅猛。

圖4-96

圖4-97

圖4-98

圖4-99

14. 喉部被鎖解脫防衛

　　當乙方由後以右臂鎖住甲方喉部時（圖4-100），甲方右手迅速扣握其手腕並下拉，以防被鎖緊（圖4-101），隨即用左手向後拍擊乙方襠部（圖4-102）；乘其疼痛收腹彎腰之時，左腳迅速後撤一步，同時，兩手抓握乙方右手腕，將其手臂從甲方頭上繞過下拉外擰（圖4-103、圖4-104），接著用右腿猛力踢擊乙方面部，將其制服（圖4-105）。

圖4-100

圖4-101

圖4-102

圖4-103

圖4-104

圖4-105

【要點】

扣握下拉要快，擊襠要狠，踢擊面部要準。

15. 手臂被擒時的防衛（叉步靠摔）

當乙方由後雙手反擒甲方手臂時，甲方向後俯身（圖
4-106），同時，一腳迅速撤步置於乙方兩腿外側，一手
由裏向外掏抱其大腿根部（圖4-107），隨即利用抱腿靠
身之合力將乙方摔倒（圖4-108、圖4- 109）。

圖4-106

圖4-107

武術摔擒技法精粹

【要點】

撤步俯身要快，抱腿靠摔要連貫、迅速。

圖4–108

圖4–109

國家圖書館出版品預行編目資料

武術摔擒技法精粹╱張風雷　楊玉峰　王世英　王進鋒　編著
——初版，——臺北市，大展，2013〔民102.12〕
面；21公分 ——（實用武術技擊；29）
ISBN　978-957-468-992-7（平裝）
1.摔角　2.擒拿術
528.976　　　　　　　　　　　　　　　　　102020544

武 術 摔 擒 技 法 精 粹

編　　著╱張風雷　楊玉峰　　王世英　　王進鋒
責任編輯╱新　　硯
發 行 人╱蔡森明
出 版 者╱大展出版社有限公司
社　　址╱台北市北投區（石牌）致遠一路2段12巷1號
電　　話╱（02）28236031・28236033・28233123
傳　　眞╱（02）28272069
郵政劃撥╱01669551
網　　址╱www.dah-jaan.com.tw
E-mail╱service@dah-jaan.com.tw
登 記 證╱局版臺業字第2171號
承 印 者╱傳興印刷有限公司
裝　　訂╱承安裝訂有限公司
排 版 者╱弘益電腦排版有限公司
授 權 者╱北京人民體育出版社
初版1刷╱2013年（民102年）12月

售 價╱180元

大展好書 好書大展
品嘗好書 冠群可期

大展好書　好書大展
品嘗好書　冠群可期